ÉTABLISSEMENT HYDROTHÉRA[...]

DE

BELLEVUE

(Seine-&-Oise)

———

REVUE CLINIQUE

Par les Docteurs **LEROY-DUPRÉ** et **A. TARTIVEL**

MÉDECINS DE L'ÉTABLISSEMENT

———

1ᵉʳ FASCICULE

TYPOGRAPHIE OBERTHUR ET FILS. A RENNES

MAISON A PARIS, RUE DES BLANCS-MANTEAUX. 35

—

1870

ÉTABLISSEMENT HYDROTHÉRAPIQUE

DE

BELLEVUE

(Seine-&-Oise)

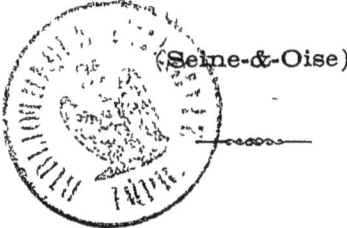

REVUE CLINIQUE

Par les Docteurs **LEROY-DUPRÉ** et **A. TARTIVEL**

Médecins de l'Établissement

1er FASCICULE

TYPOGRAPHIE OBERTHUR ET FILS, A RENNES

MAISON A PARIS, RUE DES BLANCS-MANTEAUX, 35

—

1870

I

HISTORIQUE

L'établissement hydrothérapique de Bellevue est situé dans une des localités des environs de Paris les plus favorisées sous le double rapport de l'agrément et de l'hygiène. Tout le monde connaît, au moins de réputation, ce site enchanteur dont la vue arrachait à la plus célèbre des favorites de S. M. Louis XV un cri de surprise et d'admiration qui devint le nom de baptême du château et du village de Bellevue. Village et château ne pouvaient avoir pour marraine une fée plus intelligente, même dans ses caprices, et d'un goût plus exquis et plus raffiné. Sorti du sol comme par enchantement et d'un coup de la baguette magique de la marquise de Pompadour, décoré par François Boucher d'admirables peintures, le château disparut pendant la tourmente révolutionnaire. La Révolution purifiait par le feu ce que la corruption des cours avait touché.

Le village est resté avec son aspect riant et pittoresque, ses élégants châlets à demi-cachés dans les bois comme des nids d'oiseaux dans le feuillage, ses avenues et ses promenades, les unes bordées de magnifiques allées de tilleuls séculaires dont les branches entrelacées forment, au-dessus de la tête des promeneurs, des dômes splendides de verdure et d'ombre; les autres ornées de beaux acacias aux formes sveltes et élancées d'où pendent des festons de feuillage gracieusement découpé et de blanches grappes de fleurs au parfum suave et pénétrant qui embaument l'air qu'on y respire. Ses rues elles-mêmes forment de charmantes promenades. Telle est cette pittoresque et gracieuse *rue des Bois*, avec sa double haie d'aubépine couverte au printemps d'une neige odorante, où les arbres et les fleurs remplacent avantageusement l'alignement banal et monotone des habitations humaines. De chaque côté de la rue sont espacés çà et là de jolis châlets discrètement voilés de rideaux de feuillage, entourés de jardins remplis de fleurs ou de parcs plantés d'arbres gigantesques.

Tout respire à Bellevue le calme, la fraîcheur, l'ombre et le silence. Les bruits humains semblent s'y éteindre en quelque sorte pour laisser entendre les voix harmonieuses des oiseaux, des ruisseaux et des bois. Devant lui se déroulent le vaste panorama de Paris et le cours de la Seine, immense horizon que rien ne borne et qui semble fait à souhait pour le plaisir des yeux. Derrière lui court un long rang de collines boisées qui s'étendent sans interruption de Paris à Versailles, large bande verte et accidentée sur laquelle se détache la ligne noire du chemin de fer dont la station de Bellevue occupe le milieu. Au nord Paris, au midi les bois, au levant Meudon avec son château et sa belle terrasse d'où l'on peut suivre les méandres de la Seine jusqu'à Saint-Cloud, au couchant Sèvres et sa manufacture célèbre de porcelaines, Saint-Cloud, son parc et son château superbes, dignes d'une résidence impériale; tel est le cadre magnifique du tableau de Bellevue.

L'établissement hydrothérapique occupe le centre du tableau. Situé sur l'emplacement de l'ancien château, de sa belle terrasse, il domine le cours de la Seine qui coule à ses pieds et il contemple le splendide panorama de Paris qui jamais ne lasse la vue et que son regard peut embrasser tout entier. L'incontestable avantage de cette situation est de réunir à la fois les conditions de l'agrément et celles de l'hygiène. Baigné de lumière et de soleil, lavé par la pluie, balayé par les vents, le plateau élevé et largement découvert sur lequel l'établissement est bâti reçoit un air incessamment renouvelé, à la vivacité, à la pureté duquel concourent, outre cette agitation permanente, l'altitude du lieu et le voisinage des bois dont on connaît l'heureuse influence sur l'assainissement de l'atmosphère. Ces qualités vivifiantes de l'air que l'on respire à Bellevue sont telles qu'elles se font sentir immédiatement par une modification des fonctions respiratoires et digestives des nouveaux arrivants. Ici l'on respire et l'on mange! s'écrient les malheureux Parisiens qui viennent à Bellevue pour se soustraire, ne fût-ce que pendant quelques heures, au supplice de cette machine pneumatique qui s'appelle une grande capitale. La salubrité de Bellevue est telle que jamais il n'a été visité par le choléra.

On comprend sans peine l'influence favorable que de telles conditions doivent exercer sur la santé des malades envoyés ou venus spontanément à Bellevue pour y recueillir les bienfaits de la médication hydrothérapique. A cet égard, on peut dire, en toute vérité, que l'établissement de Bellevue possède une supériorité incontestable sur les établissements analogues qui existent aux environs de Paris. Nous ne parlons pas de ceux de la capitale, car aucun médecin instruit et expérimenté n'admet que l'on puisse faire *in aere parisiensi*, pour des maladies sérieuses, un traitement hydrothérapique réellement efficace. Aux maladies chroniques il faut, en général, comme conditions essentielles de guérison, le déplacement, le changement du milieu urbain dans lequel les habitudes morbides s'éternisent, le séjour à la campagne, l'air pur et vif, mais non raréfié, des altitudes moyennes. Il faut, en un mot, que les qualités stimulantes de l'air secondent l'action tonique de l'eau froide, dans ces maladies essentiellement caractérisées par l'asthénie, pour que la médication hydrothérapique déploie toute l'efficacité, la richesse et l'activité souvent merveilleuse de ses vertus curatives.

Aussi parmi les conditions que doit réunir un établissement hydrothérapique, faut-il compter, au premier rang, celles d'aération que l'on rencontre seulement dans les lieux élevés et découverts. Les établissements situés ainsi ont une incontestable supériorité, au point de vue de l'hygiène, et partant de la thérapeutique, sur ceux qui sont moins favorisés du côté de l'altitude.

L'eau et l'air sont les deux principaux éléments du succès de la médication hydrothérapique. A cet égard, Bellevue n'a rien à envier aux autres établissements de même ordre. Il possède, au contraire, sur la plupart d'entre eux, une prééminence que l'on ne saurait nier sans injustice. Nous avons parlé des qualités vivifiantes de l'air que l'on y respire. L'eau qui alimente les réservoirs de l'établissement, qui sert à la boisson et aux applications extérieures de l'hydrothérapie, ne mérite pas moins l'attention des hygiénistes, des médecins et des malades.

Elle est fournie par plusieurs sources abondantes dont la température invariable est de 9° R., température habituelle des eaux de source en France. Elle est d'une limpidité parfaite, très-agréable au goût, et jouissant, grâce à sa basse température et à sa composition, de qualités toniques qui, en outre de ses applications extérieures, la rendent précieuse pour l'usage interne. Aussi voit-on, à Bellevue, une foule de malades, la plupart atteints de dyspepsie primitive ou consécutive aux affections chroniques les plus diverses, se trouver admirablement bien de l'usage exclusif de l'eau de ces sources comme boisson habituelle. Quel meilleur *criterium* des bonnes qualités d'une eau potable que cette épreuve expérimentale faite par l'estomac des dyspeptiques? Cet estomac n'est-il pas le plus sensible des réactifs?

La première des conditions de succès de la médication hydrothérapique, c'est que l'eau soit à une température basse et s'y maintienne, sans grand écart, pendant toute la durée du traitement, malgré les variations de la température atmosphérique. L'expérience a démontré que, pour obtenir les bénéfices d'une bonne et franche réaction, qui est le but et la raison des applications de l'eau froide, la température de celle-ci ne doit pas dépasser, dans ses oscillations ascendantes, le 14° degré du thermomètre centigrade. Il n'est pas utile non plus qu'elle descende au-dessous de 7 à 8 degrés, bien qu'il n'y ait à cela aucun inconvénient, lorsque le traitement est dirigé par un médecin expérimenté qui sait proportionner la durée des applications à l'abaissement de la température, et rendre celle-là d'autant plus courte que celle-ci est descendue plus bas. Or, il n'y a que l'eau de source qui conserve une température invariable sous les variations incessantes de l'atmosphère.

Des pompes, mues par le jeu d'une puissante machine à vapeur, conduisent et élèvent avec rapidité des sources dans le réservoir de l'établissement, l'eau destinée aux applications hydrothérapiques. Ce réservoir, d'une capacité de 24 à 30,000 litres, est rempli chaque jour, matin et soir, peu de temps avant l'heure où commence l'administration des douches; il est maintenu au même niveau, pendant toute la durée de celle-ci, par l'afflux incessant de l'eau des sources, de manière à obtenir, pendant tout le temps, la même pression et la même température. D'autres précautions minutieuses sont prises également pour garantir le réservoir et les appareils contre les variations de la température extérieure. C'est, en effet, grâce à ces soins minutieux de tous les jours que l'on réalise les meilleures conditions de succès du traitement hydrothérapique.

Les salles des douches, bien exposées, bien aérées, bien éclairées, ne le cèdent en rien, pour les perfectionnements apportés dans la construction et les dispositions des appareils, aux établissements hydrothérapiques les plus récemment créés. On a tenu compte de tous les progrès sérieux accomplis en hydriatrie depuis la fondation de l'établissement de Bellevue. On y trouve des douches en pluie, en jet, en colonne, en lame, en nappe, en cercle, en poussière; des douches verticales, horizontales, ascendantes, etc.; des douches périnéales et vaginales; des douches filiformes; des bains partiels ou entiers, à eau courante ou dormante; une piscine, dans laquelle on peut se livrer à la natation, où l'eau, toujours limpide et pure, est incessamment renouvelée pendant toute la durée de l'immersion.

Les salles, parfaitement chauffées en hiver, mettent les malades à l'abri du refroidissement après la douche; la raison et l'expérience démontrent qu'il n'est pas bon de se placer sous une douche d'eau froide, lorsque le corps est déjà refroidi par l'air extérieur; qu'il n'est pas bon non plus d'exposer, au sortir de la douche, le corps nu et mouillé à l'influence de l'air froid. Le mouvement de la réaction qui doit suivre l'application de l'eau froide en serait inévitablement empêché ou entravé, surtout chez des malades plus ou moins affaiblis par des affections chroniques et dont la puissance réactionnelle laisse à désirer. La raison et l'expérience démontrent que le mouvement de réaction est favorisé lorsque l'on passe de l'eau froide dans un milieu dont la température est plus élevée. C'est pourquoi, tandis que l'eau ne doit pas dépasser 14° C., l'air des salles de douches doit avoir une température moyenne de 15 à 16° C. A Bellevue, le soin attentif avec lequel on observe ce précepte hydrothérapique, garantit les malades de tous les inconvénients qu'entraîne le refroidissement du corps avant ou après la douche. Bellevue possède un gymnase couvert où les malades peuvent, en temps de pluie, faire leur réaction.

La direction médicale de Bellevue, tout en maintenant dans les applications diverses de l'hydrothérapie les traditions que l'observation et l'expérience ont consacrées, n'a pas cru devoir suivre les errements d'une école qui a la prétention d'enfermer l'hydriatrie toute entière dans le cercle des seules applications de l'eau froide. S'il est vrai de dire que les douches froides sont indiquées dans la généralité des maladies chroniques, à cause de l'asthénie qui en est le caractère principal, il n'est pas moins vrai que certaines maladies, celles de la peau, par exemple, certaines affections nerveuses dans lesquelles dominent les phénomènes d'excitation, la douleur, l'hyperesthésie; certaines névroses, certaines névralgies, certains rhumatismes, etc., ne se trouvent pas bien des applications de l'eau froide. Que cela tienne à quelque disposition mal connue de la maladie, que cela dépende de l'idiosyncrasie des malades, les applications froides, quelque ménagées, quelque variées, quelque bien dirigées qu'elles soient, ne paraissent pas leur convenir; loin d'apaiser, elles semblent exaspérer les phénomènes morbides. Dans ces cas, l'expérience démontre que les applications alternatives de douches chaudes et de douches froides, dont on peut graduer et faire varier à volonté la température séance tenante, sont mieux supportées et jouissent d'une puissance sédative incontestable.

Il en est de même lorsqu'il s'agit de malades que la faiblesse ou tout autre cause empêche de marcher et d'obtenir convenablement, après la douche froide, la réaction provoquée par l'exercice; de ceux chez lesquels l'atonie de la peau, unie à une impressionnabilité nerveuse extrême, rendent la réaction pénible; de ceux qui au début du traitement, supportent très-difficilement les applications froides; de ceux qui, soit au début, soit dans le cours du traitement, éprouvent, sous la douche froide, une sensation de constriction douloureuse de la nuque extrêmement pénible. Dans tous ces cas, la douche alternativement chaude et froide remplace avantageusement les applications froides ordinaires, soit pendant une période de temps limité, soit pendant toute la durée du traitement.

L'établissement de Bellevue possède donc, en outre d'une installation complète et perfectionnée pour l'hydrothérapie proprement dite, des appareils pour les douches écossaises, pour les bains d'étuves sèches, pour les fumigations diverses, térébenthinées, etc. La direction médicale s'occupe incessamment de compléter et de perfectionner cette installation de manière à faire de Bellevue un établissement modèle réunissant tous les modes d'application de l'hydrothérapie prise dans la plus large et la plus complète acception, de même que par sa topographie, son site élevé, salubre et pittoresque, ses bois et ses promenades, sa situation à proximité de Paris et de Versailles, entre Meudon, Sèvres et Saint-Cloud, il est et sera un établissement sans rival au double point de vue de l'agrément et de l'hygiène.

L'agrément est un moyen d'action dont il ne faut pas dédaigner l'influence dans le traitement des maladies chroniques. C'est un excellent modificateur physique et moral dont les malades, atteints de ces sortes d'affections à longue échéance, ont besoin, afin d'attendre sans trop d'impatience le terme de l'évolution toujours un peu lente de la reconstitution organique. Mais les distractions sont trop souvent prescrites d'une manière banale par les médecins à bout de moyens. On fait voyager les malades, on les envoie de préférence dans les villes d'eau ou sur les plages maritimes les plus fréquentées par la foule mondaine et bruyante. Or l'expérience démontre que cette manière de faire a plus d'inconvénients que d'avantages. On fatigue les malades à leur donner des distractions trop bruyantes, que leur système nerveux n'est pas capable de supporter. La plupart, surtout dans la phase d'excitation des maladies nerveuses, sont exaspérés par le mouvement et le bruit; toutes les impressions vives, physiques et morales les surexcitent; leurs sens ont plus d'acuité; leur système nerveux, semblable à un instrument dont les cordes sont trop tendues, vibre et frémit au moindre attouchement; une pression un peu trop forte le fait éclater. Douloureusement impressionnés par tous les agents extérieurs, les malades se replient instinctivement sur eux-mêmes, comme la plante dont ils empruntent le terme de comparaison banal; ils fuient le mouvement, le bruit, la lumière; ils s'enferment dans une solitude absolue; on leur prescrivait des distractions bruyantes; ils se rejettent dans l'excès contraire, au risque de périr d'ennui et de s'engourdir complétement dans une torpeur physique et morale des plus dangereuses. La vérité est ici, comme toujours, dans les nuances. A ces malades, il faut d'abord des distractions calmes, douces, paisibles, telles qu'on les trouve à la campagne, dans un paysage accidenté, pittoresque, où règne une température moyenne, ni trop élevée, ni trop basse ; où les malades puissent se livrer sans fatigue à des promenades variées ; où se combinent dans de justes proportions le calme de la solitude et le mouvement de la vie. C'est ainsi que nous voyons, chaque année, à Bellevue, de nombreux malades retrouver peu à peu leur santé physique et morale sous l'influence combinée de leur séjour dans ce site privilégié et de la médication hydrothérapique. Les distractions naturelles, toujours saines, qu'ils y trouvent, les préservent de l'ennui et leur permettent d'attendre l'époque où leur santé plus raffermie pourra non seulement braver impunément, mais encore goûter avec avantage les distractions plus variées de la capitale, placée à leur porte. On rend ainsi à l'activité intellectuelle et à la vie sociale une foule de malheureux névropathiques dont la triste situation n'avait pu être améliorée ni par les voyages, ni par le séjour dans les stations maritimes et thermales où va la foule moutonnière, toujours affolée de plaisirs stériles, de vain bruit et d'agitation sans but.

Tout ce que nous venons de dire de l'établissement de Bellevue et de sa situation exceptionnelle nous paraît suffisant pour faire comprendre les nombreux avantages qu'y trouvent les malades au triple point de vue de l'agrément, de l'hygiène et de la médication hydrothérapique.

Nous pourrions citer de nombreux exemples de guérisons remarquables obtenues sous l'influence de cette triple condition dont nous croyons la réunion indispensable pour arriver à la curation complète et durable d'un grand nombre de maladies chroniques. Nous en ferons l'objet d'une publication prochaine.

L'insuccès relatif de l'hydrothérapie dans les établissements situés au centre des villes, ou peu favorisés sous le rapport soit de l'agrément, soit de l'hygiène, tient souvent à l'absence de ces deux conditions, dont nous nous sommes efforcé de faire ressortir les avantages incontestables. C'est le devoir du médecin d'étudier avec soin les divers éléments qui entrent dans la guérison d'une maladie et d'apprécier la part qui revient à chacun d'eux. La part de l'hydrothérapie est prépondérante assurément, mais il faut reconnaître qu'elle est admirablement secondée par les autres conditions dont nous venons de parler et sans lesquelles son action ne saurait être ni aussi rapide, ni aussi efficace, ni aussi complète. Préoccupée de l'importance pratique de ces considérations trop souvent méconnues, la direction médicale de Bellevue ne néglige aucun des éléments qui peuvent contribuer à l'amélioration et à la guérison des malades. Dès leur arrivée, elle les entoure, en quelque sorte, d'une douce atmosphère de bienveillance, d'intérêt et de soins dévoués. Loin de s'abstraire dans les nuages des principes, elle descend dans les réalités de la pratique; elle vit constamment avec les malades, s'occupe d'eux sans cesse, de leurs jeux et de leurs plaisirs, leur ménage des promenades et des excursions agréables pendant la belle saison, des soirées musicales et dansantes pendant les mauvais jours. Des appareils gymnastiques complets, des jeux variés coupent par la variété des exercices la monotonie de la journée, ajoutent leur influence salutaire physique et morale, car le rôle du médecin n'est pas seulement de diagnostiquer et de traiter des maladies, mais encore d'étudier et de traiter des malades, ce qui n'est pas la même chose. La pratique de la médecine comprise dans toute l'élévation et toute l'étendue de ses obligations morales et de ses devoirs professionnels, doit être le but du médecin digne de ce nom, qui unit la science et la conscience, et qui veut mériter d'être appelé : *vir bonus medendi peritus*.

La plupart des maladies chroniques, soit locales, soit dépendantes d'un état général ou diathésique de l'organisme, sont traitées avec succès à Bellevue, par l'hydrothérapie qui comprend non seulement les applications de l'eau froide, mais encore les bains d'étuves sèches ou humides. Les malades dont le rétablissement complet se fait trop longtemps attendre y trouvent, dans l'action stimulante et tonique de l'air et des douches froides, un moyen efficace de hâter le retour de l'organisme à l'état physiologique.

Les anémies essentielles (protopathiques), ou symptomatiques (deutéropathiques), qui dégénèrent si souvent en cachexies, sont les unes complétement guéries, les autres amendées par l'hydrothérapie seule ou associée aux ferrugineux et aux toniques. Les cachexies elles-mêmes, quand elles ne tiennent pas à des lésions organiques incurables de leur nature, cèdent souvent à l'application suffisamment prolongée de ce puissant modificateur. Combien de cachexies palustres rebelles au quinquina, au sulfate de quinine, à l'arsenic, etc., ont trouvé dans les douches froides l'agent de leur guérison complète et durable! A plus forte raison, l'hydrothérapie, qui vient à bout des cachexies paludéennes les plus anciennes et les plus rebelles, guérit-elle les fièvres intermittentes à leur début ou alors qu'elles ne sont pas arrivées encore à la période cachectique. Dans ces cas, la supériorité des douches froides sur les agents spécifiques les plus communément employés est attestée par des faits irrécusables.

Les hyperémies chroniques, principalement celles du foie, de la rate et de l'utérus, n'ont certainement pas de meilleur modificateur que les douches froides. Les congestions chroniques des autres organes, du tube digestif, des reins, des poumons, du cœur, du cerveau et de la moelle, sont toujours améliorées et souvent complétement guéries par le traitement hydrothérapique. Il y a là un ensemble de maladies encore mal connues, dont la pathogénie et la symptomatologie, souvent fort obscures, n'ont pas été suffisamment éclairées par l'observation médicale, et sur lesquelles les succès de l'hydrothérapie appellent de plus en plus l'attention des observateurs et des praticiens.

Les hémorrhagies nasales, bronchiques, utérines, sont

arrêtées par les douches froides. Les névralgies faciales, cervico-brachiales, intercostales, sciatiques, lombo-abdominales; les myodynies, les pleurodynies, le lumbago, les rhumatismes musculaires et articulaires chroniques, les rhumatismes viscéraux, les affections rhumatismales chroniques des enveloppes de la moelle épinière, et en général de tous les tissus blancs, sont justiciables des douches froides que l'on associe alors avec avantage à la transpiration en étuve sèche ou humide.

Certains flux muqueux ou catarrhes bronchiques et intestinaux, certaines diarrhées rebelles, certains catarrhes vésicaux, certains épanchements chroniques des cavités séreuses, des plèvres, du péritoine, des synoviales articulaires, etc., sont également guéris par l'association de la transpiration cutanée aux douches froides.

Que pourrions-nous dire du traitement hydrothérapique des névroses que tous les médecins ne sachent! Le nombre toujours croissant d'hypochondriaques, d'hystériques, de malades atteints de nosomanie, de nervosisme, etc., que nous voyons chaque année arriver à Bellevue, atteste que les médecins, au courant des progrès de la thérapeutique, apprécient l'efficacité réelle de l'hydrothérapie dans ces affections généralement si rebelles et si tenaces. Combien plus nombreux seraient les succès de cette médication, si au lieu d'attendre des mois et des années les médecins prenaient l'habitude de nous envoyer les malades dès le début du mal!

Il en est de même de certaines névroses du mouvement, telles que la chorée, les paralysies indépendantes des lésions organiques du cerveau ou de la moelle, certaines ataxies locomotrices. Il en est de même encore d'un grand nombre de viscéralgies, de gastralgies, d'entéralgies, etc., accompagnées ou non de vomissements et de diarrhée, datant parfois de plusieurs années, et que les douches froides guérissent avec une rapidité véritablement merveilleuse. Un ou deux mois ont suffi plusieurs fois pour rétablir complétement des sujets chez lesquels la maladie, simulant une affection organique et remontant à plusieurs années, avait amené un dépérissement profond qui donnait les plus graves inquiétudes aux familles et aux médecins.

La vaste classe des dyspepsies n'a pas de genre ni d'espèces que l'hydrothérapie ne puisse ou guérir radicalement, ou améliorer d'une manière notable.

Les névroses des organes génito-urinaires, comme celles du tube digestif, trouvent dans l'hydrothérapie un modificateur énergique. Plus d'un individu atteint d'anaphrodisie doit aux douches froides le rétablissement dé fonctions depuis longtemps perdues.

La débilité congénitale ou acquise, le lymphatisme, surtout chez les enfants, les engorgements glandulaires du cou, etc., sont profondément et heureusement modifiés par l'action tonique et stimulante des douches froides.

Cette action tonique et stimulante se révèle encore de la manière la plus éclatante chez les malades débilités, anémiés par l'influence de maladies locales et générales, de diathèses telles que la goutte, les rhumatismes, la scrofule, la syphilis, etc. L'hydrothérapie rend, dans tous ces cas, les plus grands services, en relevant les forces de l'organisme, en rétablissant les fonctions digestives et assimilatrices, en reconstituant le sang appauvri à la fois par les maladies et par les remèdes, en permettant enfin à l'organisme de tolérer l'usage des médications spécifiques pendant tout le temps nécessaire à la disparition complète des manifestations diathésiques.

Combien de syphilitiques doivent leur guérison définitive aux douches froides et aux transpirations cutanées, associées à l'emploi suffisamment prolongé du mercure ou de l'iodure de potassium, qui auparavant n'avaient pu être supportés !

Combien de scrofuleux atteints d'engorgements et d'ulcères chroniques ont vu ces engorgements se résoudre et ces ulcères se fermer sous l'influence éminemment reconstituante des douches froides ! Combien de goutteux et de rhumatisants ont vu, sous la même influence, les engorgements articulaires se dissiper, les membres reprendre la liberté de leurs mouvements, les phénomènes dyspeptiques et anémiques disparaître, les accès s'éloigner ou ne plus se reproduire, les forces se relever, en un mot la santé générale se rétablir d'une manière complète et durable ! Combien de malades n'avons-nous pas observés qui, profondément abattus par des médications antérieures trop énergiques ou trop prolongées, se sont relevés en quelque sorte à vue d'œil sous l'action reconstituante des douches froides ! L'hydrothérapie devient souvent la seule ressource des médecins qui veulent cicatriser les blessures faites à leurs malades par la vieille médecine pharmaceutique.

Elle constitue encore une excellente ressource pour les chirurgiens qui veulent préparer leurs malades aux graves opérations de la chirurgie ou hâter leur convalescence souvent si lente à se faire à la suite de l'opération.

La même pratique est applicable aux femmes qui restent si longtemps faibles et valétudinaires à la suite de couches laborieuses. Le séjour de Bellevue, le traitement hydrothérapique permettront d'atteindre rapidement ce but. L'expérience démontre, en effet, que rien ne hâte la convalescence des maladies et des opérations graves comme l'hydrothérapie faite à la campagne, dans un site gai, agréable et salubre.

Nous ne terminerons pas cette revue sommaire sans appeler la sérieuse attention des médecins sur les effets remarquables, à la fois hygiéniques et thérapeutiques, des douches froides appliquées aux enfants.

Parents et médecins ne connaissent pas assez l'heureuse influence que l'hydrothérapie exerce sur la santé de ces petits sujets ; ils ne supposent même pas qu'un pareil traitement puisse être sérieusement applicable à cet âge de la vie. Or, l'observation et l'expérience de tous les jours nous démontrent qu'avec une merveilleuse rapidité l'hydrothérapie bien faite modifie l'état général des jeunes sujets et opère leur transformation. Nous avons eu l'occasion, dans ces deux dernières années, de faire suivre un traitement hydrothérapique à un certain nombre d'enfants de 3 à 12 ans, tous plus ou moins chétifs, frêles, délicats, pâles, lymphatiques, nerveux. Tous avaient cet appétit inégal, capricieux, qui fait le désespoir des mères: ils ne mangeaient pas; ni les prières, ni les menaces, ni la force, ni la ruse, ne pouvaient vaincre le dégoût que ces enfants éprouvaient la plupart du temps pour les aliments; ils maigrissaient et pâlissaient à vue d'œil; faibles, tristes et souffreteux, ils ne pouvaient marcher sans être bientôt accablés de fatigue; ils ne prenaient point de part aux jeux bruyants de leurs petits camarades; plusieurs avaient des indigestions, des vomissements, de la diarrhée. L'un d'eux, malade depuis deux ans environ, éprouvait, en outre, toutes les nuits, des cauchemars sous l'influence desquels il se levait en sursaut, poussait des cris suivis de convulsions qui donnaient à la famille et au médecin les plus graves inquiétudes. De nombreuses médications prescrites par les médecins spécialistes les plus distingués de Paris avaient été essayées sans le moindre succès. Quelques autres avaient des hallucinations de la vue, de l'ouïe, de l'odorat, etc. Il a suffi de quelques mois de traitement pour transformer l'état général de tous ces enfants, pour leur donner de l'appétit, de l'embonpoint, des forces, de la gaîté; pour faire cesser définitivement les accidents nerveux, pour changer ces êtres frêles, chétifs, lymphatiques et nerveux en enfants robustes et sanguins. Depuis cette époque, le bon état de leur santé ne s'est pas démenti un seul jour; ils font la joie et le bonheur de leurs familles par leur aspect florissant, après avoir inspiré pendant longtemps les craintes les plus sérieuses et les plus graves inquiétudes.

Ces enfants sont au nombre de 14, 7 petites filles et 7 petits garçons, âgés de 3 à 12 ans. Tous se sont habitués en quelques jours à l'impression de l'eau froide. Bientôt ils allaient à la douche en riant et la prenaient avec plaisir. La réaction s'établit chez les enfants avec une extrême facilité ; grâce à cette aptitude à la réaction, développée par l'action de l'eau froide, ils peuvent braver impunément les intempéries de l'atmosphère. Plusieurs de ces enfants ont continué leur traitement pendant les froids les plus rigoureux de l'hiver, jamais ils ne se sont enrhumés. Chose digne d'attention, la réaction s'est montrée plus franche, plus rapide, plus énergique, plus complète, et les heureux effets du traitement ont été encore plus prononcés. Nous faisons cette observation pour prouver une fois de plus une vérité que nous voudrions voir acceptée par les médecins et par les malades, à savoir que l'hydrothérapie est souvent plus efficace en hiver que dans les autres saisons, à la condition, bien entendu, que toutes les précautions convenables seront prises pour favoriser, chez les malades, le mouvement de la réaction.

Les observations relatives aux malades qui ont été traités à Bellevue, pendant ces dernières années, seront le sujet d'une série de publications qui se succéderont à courts intervalles et qui contiendront une *Revue clinique* des faits les plus intéressants qu'il nous a été donné d'observer. Nous remercions ici nos confrères de Paris, des départements et de l'étranger qui, en nous adressant leurs malades, nous ont donné les moyens d'enrichir de nouveaux documents les annales de l'hydrothérapie rationnelle et positive.

Dr A. TARTIVEL.

CLINIQUE HYDROTHÉRAPIQUE

Bien que l'hydrothérapie tende à se généraliser dans un grand nombre de villes par la création d'établissements balnéaires, elle est en réalité peu connue.

Les appareils à douches se rencontrent partout, mais on ne trouve que de loin en loin des médecins pour en faire l'application. Aussi est-il facile de compter les établissements d'hydrothérapie réellement complets.

On a beaucoup critiqué l'empirisme de Priessnitz, le père de la médication hydrothérapique. Que dira-t-on alors de la manière dont les douches sont données dans certains établissements uniquement dirigés par l'industrie? Là se tient un garçon de bain tout prêt à dispenser l'eau chaude ou l'eau froide, la douche en pluie ou en jet, la piscine ou le bain de siége, pendant quelques secondes ou durant cinq minutes, à tout venant qui les réclamera, soit comme pratique d'hygiène, soit comme agent thérapeutique.

Si encore le médecin traitant assistait à l'opération, il pourrait en apprécier les effets. Mais il n'en a souvent ni la volonté ni les loisirs, et on doit ajouter que parfois il ne possède pas les connaissances nécessaires pour diriger convenablement les différentes pratiques de la médication. Il n'en peut guère être autrement. Pour faire de l'hydrothérapie méthodique, scientifique, curative en un mot, il faut traiter beaucoup de malades. Il faut vivre avec eux et au milieu d'eux; il faut entendre leurs observations, leurs doléances; les soutenir dans leur découragement, modérer parfois leur enthousiasme. S'il existe dans les établissements d'hydrothérapie des hypocondriaques dont on ne peut tirer aucun renseignement judicieux, il est d'autres malades qui, en s'observant tout autant, donnent aux médecins des indications très-précieuses, et dont ceux-ci peuvent certainement faire leur profit. Mais encore une fois, il faut être là, toujours là, pour apercevoir les nuances parfois si délicates, soit en bien, soit en mal, qui surgissent pendant le cours du traitement, et saisir les indications aussitôt qu'elles se présentent. Il est certains malades, particulièrement parmi les névropathiques, tourmentés sans cesse par des congestions nouvelles, mobiles et rapides comme les perturbations de leur système nerveux; la médication devra s'accommoder à la variété des phénomènes pathologiques observés par le médecin chez ces malades. Telle application hydrothérapique, parfaitement tolérée pendant les premiers jours du traitement, provoque bientôt l'agitation et l'insomnie. Telle malade métrorrhagique et traitée avec raison par des douches dérivatives entre les deux épaules et sur les régions axillaires, pourra ressentir les premières atteintes d'une congestion pulmonaire et sera frappée bientôt après d'hémoptysies plus ou moins abondantes. Il faudra donc modifier ou suspendre immédiatement un genre de médication qui, chez un autre sujet, aurait donné d'excellents résultats. Tel autre, atteint d'une congestion du foie très-ancienne, ayant la peau inerte et comme parcheminée, réagit mal, quoique la douche soit froide, énergique et très-courte. Il a besoin de l'étuve sèche, suivie d'une douche froide générale en pluie, pour obtenir une réaction meilleure. Simultanément, il recevra une douche hépatique qui résoudra la congestion de la glande.

Celui-ci, accablé par une fièvre intermittente rebelle, devra prendre des douches *spléniques* au moment le plus rapproché possible des accès; douches dont il faudra changer les heures d'application, selon la mobilité des accès fébriles.

Il est nécessaire d'augmenter ou de diminuer la durée des

douches, selon la capacité réactionnelle du sujet, la température et l'état hygrométrique de l'atmosphère, etc. En effet, il arrive souvent que pendant les premiers jours du traitement, la réaction est faible et ne persiste pas franchement. On donne alors des douches rapides, fortes et multiples, pluie, et jet mobile en même temps. Bientôt l'aptitude réactionnelle du sujet se développe d'une façon complète. Le médecin tiendra toujours compte de la température et de l'état hygrométrique de l'atmosphère au moment où il administre la douche. Il en abrègera la durée, si le temps est froid et humide, parce que la réaction est alors moins bonne. Ces dernières remarques, concernant l'aptitude réactionnelle et le compte que l'on doit tenir de la température et de l'humidité de l'atmosphère, s'appliquent à tous les sujets.

Un malade se présente à la visite du matin pour prendre sa douche accoutumée; il a un enrouement complet, sans fièvre.

Il faut le placer dans l'étuve sèche et provoquer une sudation abondante, qu'on terminera par une douche froide en arrosoir et en colonne mobile sur les membres inférieurs, particulièrement sur la plante des pieds, et l'on aura souvent la satisfaction d'observer une amélioration immédiate.

En voici un autre sujet que son état de faiblesse extrême, sa grande pusillanimité, son horreur de la douche qu'il n'a point encore prise, empêchent de porter dans les salles d'hydrothérapie; on lui appliquera, dans sa chambre même, un drap mouillé, très-tordu, au moyen duquel on obtiendra une réaction moins bonne assurément que celle provoquée par les douches, mais néanmoins encore très-utile.

Enfin, un malade souffrant d'une dyspepsie depuis longues années se trouvait bien de prendre la douche en cercle. Mais il déclare que la nuit a été sans sommeil, que la surexcitation nerveuse a été si grande qu'il a été obligé de se promener dans sa chambre. Il faut évidemment cesser la douche et la remplacer par la piscine, quitte à reprendre après quelques jours le mode de traitement qui avait été suspendu. Toutefois, avant d'avoir de nouveau recours à la douche en cercle, il sera prudent de prendre la douche en cloche, et la douche en éventail au creux épigastrique.

On voit, par ces exemples, combien l'hydrothérapie mal appliquée peut être nuisible, et partant, combien il est nécessaire de se soumettre à une direction médicale.

Entrons maintenant dans quelques généralités relativement aux douches et à la manière de les prendre.

Pour qu'une douche agisse avantageusement, elle doit réunir des qualités physiques, et, s'il est permis de s'exprimer ainsi, des qualités scientifiques.

Les premières sont : la température, la durée, la force de projection.

Il est nécessaire que l'eau ait une *température* de 6 à 12 ou 14 degrés centigrades. Lorsque la température de l'eau tombe au-dessous de 5 degrés, la peau commence à se fendiller, principalement aux membres inférieurs.

Si elle monte au-dessus de 14 degrés, la réaction, toutes choses étant égales d'ailleurs, commence à faiblir. A 18 degrés, elle tend à disparaître de plus en plus. Dire qu'elle est nulle est une erreur. Nous avons constaté sur nous-mêmes, plus d'une fois, qu'elle existe encore.

La durée de la douche est un élément curatif très-important. Le médecin ne doit se préoccuper que de la trop longue durée de celle-ci. Une douche très-courte, de deux ou trois secondes, par exemple, ne fera jamais de mal, si le traitement hydrothérapique est indiqué. Une douche d'une demi-minute, d'une minute, de deux minutes, peut occasionner de graves accidents. La durée de la douche doit varier selon l'aptitude réactionnelle des sujets, comme nous l'avons dit, en ayant égard à l'âge, au sexe, à la constitution, au genre de maladie, etc.

Elle sera plus courte pour un enfant que pour une femme, pour celle-ci que pour un homme, et enfin elle aura une durée qui se rapprochera de celle de l'enfant pour le vieillard, pour le malade très-affaibli, pour celui dont la réaction est difficile;

car on peut poser en principe absolu que la réaction s'établit avec d'autant plus de facilité que l'eau est plus froide, la durée de l'application plus courte et la force de projection plus accentuée.

Il est bon toutefois de faire des réserves relativement à la force de la douche. Trop faible, la douche n'agit guère plus que ne le ferait une affusion; trop forte, elle peut causer de véritables contusions; et si le choc a lieu directement sur un organe important comme le foie, il peut augmenter la congestion dont cet organe souffrirait déjà.

Mais cette appréciation rentre essentiellement dans le *modus faciendi* du médecin, et dans ce que nous nommions tout-à-l'heure les qualités scientifiques de la douche. On a imaginé divers appareils pour rendre la douche plus ou moins large, plus ou moins concentrée. Nous en avons, sans nous en servir, parce que nous avons reconnu qu'ils sont incommodes et qu'ils ne permettent pas à l'opérateur d'agir avec la promptitude voulue. En appuyant, au contraire, l'index de la main droite sur l'ouverture de l'appareil, on diminue à volonté la force du jet. L'eau est projetée en nappe, en éventail et même en pluie mobile sur toute la surface du corps, en accentuant plus ou moins la quantité et la force du liquide, selon l'importance de l'organe qui est en cause, et ceci avec une extrême rapidité. Tel qui endure parfaitement le gros jet promené le long des membres inférieurs, et violemment projeté sur la plante des pieds, ne pourra supporter que le jet brisé sur la région épigastrique.

La force de la douche dérive nécessairement de la hauteur et de la capacité du réservoir, et aussi du diamètre des conduits qui le desservent.

En général, le réservoir doit avoir une hauteur de 10 à 12 mèt. et une capacité de 40 à 50 mètres cubes. Cette quantité d'eau assez considérable présente un double avantage : elle rend la projection de la douche plus rapide et plus forte, et elle s'échauffe difficilement à cause de son volume; circonstance précieuse en été, où la douche perd beaucoup de ses propriétés curatives à cause de sa température plus élevée qu'en hiver.

Si maintenant nous voulions examiner en détail quelles sont les propriétés scientifiques de la douche, il nous faudrait aborder par cela même toute la thérapeutique des maladies qui sont du ressort de l'hydrothérapie. Cette question entraînerait à elle seule de longs développements, dans lesquels nous ne pouvons pas entrer dans ce travail. Il serait nécessaire, en effet, d'édifier toute une classification des diverses applications hydrothérapiques, maillot, piscine, douches toniques, excitantes, révulsives, etc., etc., avec les données générales et particulières qui incombent à chaque application, relativement à l'ensemble de l'organisme et à la pathologie de chaque organe. Étudions toutefois la question d'une manière qui soit plus particulièrement en rapport avec les observations médicales qui vont suivre.

Nous avons eu d'abord à traiter des malades atteints de dyspepsie. L'indication hydrothérapique est dans ce cas là toute tracée. Le médecin donne la douche générale en pluie et la douche en éventail légèrement révulsive au creux épigastrique.

Comme il arrive fréquemment que les dyspeptiques sont en même temps atteints de congestion du foie, primitivement ou consécutivement, il est toujours utile d'examiner l'état de cette glande. On s'assurera très-facilement par la percussion, le malade étant tour à tour couché ou debout, que le foie a augmenté ou non de volume. Il faut également pratiquer cet examen quand le malade est à jeun; au besoin, il sera même bon de l'avoir préalablement purgé.

Si la dyspepsie est compliquée d'une congestion du foie, on donnera la douche verticale en pluie, avec la douche en éventail dirigée sur l'épigastre et sur le rebord des fausses côtes droites, en augmentant peu à peu le jet du liquide. Nous supposons que le diamètre, au moment du départ, a de un centimètre à un centimètre et demi. Ce jet adouci percutera plus ou moins fortement la glande malade, en exerçant sur elle une sorte de massage à travers la peau. On pourra, dans certains cas, dire au malade de porter sa tête en arrière pour faire saillir davantage la glande hépatique sous la peau et la mettre ainsi plus en rapport avec la douche.

Quand le jet est trop fort, le sujet ressent une douleur pongitive, mais généralement peu intense, et dont il ne parlerait même pas si on ne la lui faisait remarquer. Le médecin se contente alors de donner la douche en éventail, d'une façon légère et superficielle, quitte à augmenter les jours suivants la projection du liquide au fur et à mesure que la sensibilité diminuera. Si la dyspepsie ne se complique ni de congestion du foie, ni de gastralgie, avec surexcitation nerveuse générale, on pourra donner d'abord de deux jours l'un la douche en cercle, puis ensuite une fois par jour, en demandant au malade si la réaction obtenue par ce dernier moyen est plus efficace que par la première application. Si la réaction est médiocre, il faut renoncer à la douche en cercle. Le médecin doit, en effet et avant toutes choses, avoir la réaction en vue, phénomène absolument indispensable de l'hydrothérapie excitante et tonique.

Concurremment avec les douches, nous conseillons aux dyspeptiques de prendre nn verre d'eau de source dans la matinée, par quart de verre. L'eau fraîche prise de cette façon réveille la vitalité de la muqueuse gastrique dans une maladie que l'on considère généralement comme asthénique. Dans certains cas, nous faisons porter la ceinture mouillée aux malades. Comme nous l'avons dit, nous diminuons la durée des douches quand la réaction n'est pas assez accentuée; nous cessons l'emploi de la douche en cercle, et même de la douche en pluie, lorsque le malade est excité. Si malgré cette abstention, l'excitation persiste, les lotions, le drap mouillé non tordu, ou la piscine, sont indiqués jusqu'à ce que l'excitation ait disparu.

Mais voici un dyspeptique dont la peau fonctionne mal, et dont la réaction est difficile; il faut lui faire prendre quelques sudations dans l'étuve sèche, suivies d'une douche froide, et l'on pourra, en moins d'une semaine, revenir à la douche froide toute seule. On aura seulement la précaution de ne pas pousser la sortie de la sueur au delà de cinq à dix minutes, si l'on traite un sujet affaibli.

Nous allons maintenant donner un aperçu d'un certain

nombre de maladies que nous avons vu disparaître par l'hydrothérapie méthodiquement appliquée En première ligne, il
faut placer quelques maladies du tube digestif (gastralgies,
dyspepsies, etc), parce que ce sont celles qu'on observe très-
fréquemment. En effet, il existe des liens sympathiques si étroits
entre l'estomac et la plupart des autres organes, qu'il n'est
point étonnant qu'un grand nombre de sujets, primitivement
atteints d'une maladie étrangère à ce viscère, voient peu à
peu leur digestion devenir lente, difficile et douloureuse.
Après bien des traitements infructueusement suivis, ils viennent,
en dernier lieu, demander la guérison à l'hydrothérapie. Que
la dyspepsie soit essentielle, sympathique ou symptomatique, c'est
une maladie asthénique, d'origine généralement dépressive, et
qui se trouve par cela même justiciable de la médication tonique par excellence. Nous ne faisons que mentionner certaines
dyspepsies ayant leurs racines dans l'herpétisme. En pareil cas,
il est parfois utile d'associer les sulfureux à l'hydrothérapie.

De toutes les maladies, la dyspepsie est une de celles qui ré-
clament le plus la nécessité d'un régime alimentaire convenable
et diversement approprié, selon que les sujets ne peuvent digérer
les graisses, ni les féculents, ni les substances albuminoïdes. Le
médecin traitant devra tenir compte de l'anémie et de l'état nerveux, qui sont la conséquence de la dyspepsie. Il empêchera les
malades de satisfaire trop complètement le très-vif besoin de
manger que quelques-uns éprouvent, surtout les gastralgiques,
sous l'influence de la médication par l'eau froide. Les ferrugineux, les amers, certaines eaux minérales, peuvent très-bien
être prescrits aux malades concurremment avec le traitement
hydrothérapique.

La gastralgie, si souvent confondue avec la dyspepsie, guérit
généralement beaucoup plus vite que cette dernière maladie.
L'observation qui va suivre, sans être précisément un type, peut
néanmoins être considérée comme une gastralgie assez nette-
ment tranchée. Elle a été franche dans ses allures et l'hydrothérapie en a fait promptement justice.

Gastralgie.

Mme D... a 40 ans. Elle n'a eu dans son enfance d'autre maladie qu'une fièvre cérébrale à 9 ans. Elle est réglée depuis l'âge de 14 ans d'une façon normale, sauf que l'écoulement menstruel avance de sept jours. Elle s'est mariée à 20 ans; elle n'a point eu d'enfant.

Vers l'âge de 38 ans environ, elle fut atteinte de rhumatismes musculaires très-tenaces, qui ont diminué peu à peu et au fur et à mesure que des maux d'estomac se faisaient sentir. Ceux-ci les ont définitivement remplacés. Ils sont caractérisés par une violente douleur épigastrique qui commence de trois à six heures après le repas du soir et réveille la malade. Mais c'est plus ordinairement vers minuit que la douleur éclate. Elle dure jusqu'à six heures du matin. Cette douleur se fait également sentir entre les deux épaules inférieurement et un peu à droite. Il n'existe ni soif, ni nausées, ni constipation. Les urines contiennent un peu d'acide urique, le foie est sain; la malade n'a jamais eu de fièvre intermittente.

Mme D... entre à l'établissement de Bellevue le 6 mars 1867. Le traitement est commencé par l'application, matin et soir, du drap mouillé à la température de 22 degrés centigrades. Durée, une demi-minute.

13 mars. — La malade a pris hier une douche en pluie générale, et en jet promenée sur toute la surface du corps, d'une durée de quinze secondes. La réaction s'est bien faite. L'appétit se déclare franchement, le sommeil est meilleur. Mais une leucorrhée subite apparaît; elle est combattue par des injections d'eau de guimauve et de pavot, et par la tisane d'orties blanches et de grande consoude.

27 mars. — L'époque menstruelle est arrivée; suspension des douches pendant trois jours. Lorsque les règles ont cessé, la malade applique au creux épigastrique une compresse mouillée, recouverte par une ceinture de toile sèche faisant plusieurs fois le tour du corps. En outre, elle boit le matin de

l'eau froide, prise par quart de verre, pendant la promenade de préparation à la douche et pendant celle de réaction.

2 avril. — Amélioration très-sensible, la malade dort beaucoup mieux et ne souffre presque plus.

11 avril. — L'état de Mme D... s'est encore amélioré. La malade ne ressent plus qu'un peu de douleur entre les deux épaules. Elle mange sans éprouver la moindre douleur. Elle digère parfaitement, son teint est devenu éclatant, et elle a, comme on dit vulgairement, très-bonne mine. La régularité des fonctions digestives a eu pour résultat de faire engraisser la malade de trois kilogrammes en un mois.

24 avril. — De temps en temps les digestions sont encore longues et pénibles, mais les grandes douleurs nocturnes ont cessé complétement; la malade a encore engraissé d'un kilogramme. Prescription : le matin, douche en pluie et en jet; le soir, sudation dans l'étuve sèche de 25 minutes de durée. La chaleur de l'étuve n'est pas poussée au-delà de 40 degrés centigrades. Elle est destinée à combattre une bronchite provoquant une toux très-fréquente.

1er mai. — Les sudations ont agi avec efficacité contre la bronchite, mais la malade a eu, pendant la nuit précédente, une crise d'estomac caractérisée par de violentes douleurs partant de l'épigastre et s'irradiant vers les différents points de l'abdomen sans vomissements ni diarrhée. Cette crise a duré de deux à cinq heures du matin. Elle a été provoquée par une attaque de nerfs survenue chez une autre malade de l'établissement, et dont Mme D... a été témoin. — Prescription : Douche en pluie et mobile; une pilule de 0,01 d'extrait de belladone le soir.

6 mai. — La malade quitte l'établissement parfaitement guérie, digérant tous les aliments sans aucune douleur et sans fatigue.

Le 21 juin suivant, la malade nous écrivait : « Je vous au-
» rais écrit plus tôt pour vous remercier de vos bons soins, si
» je n'avais tenu à pouvoir vous affirmer que ma guérison est
» bien définitive. Depuis que j'ai quitté Bellevue, je vais régu-

» lièrement bien, et la maladie passée est pour moi un sou-
» venir lointain. »

Il est parfois fort difficile de décider si tel sujet est atteint
de dyspepsie ou de gastralgie, parce que les deux maladies
peuvent se trouver réunies. Dans le cas actuel et tout en tenant
compte du rhumatisme que nous avons indiqué, on peut considérer Mme D... comme ayant été atteinte de gastralgie, parce
qu'elle offrait les principaux caractères attribués par les auteurs
à cette névralgie. Elle n'avait point de fièvre; il y avait peu
d'amaigrissement et d'altération du teint, malgré l'ancienneté
de la maladie; les douleurs étaient intermittentes et revenaient
par accès; elles n'augmentaient pas par la pression. Leur apparition périodique et leur violence les distinguaient entièrement
de la dyspepsie, qui est plutôt caractérisée par de la gêne que
par de la douleur, à la suite de l'ingestion des aliments. Ce qui
doit également faire considérer la maladie de Mme D... comme
une gastralgie, c'est l'activité remarquable imprimée à la nutrition par le traitement hydrothérapique dans un espace de temps
relativement très-court. Mme D... a engraissé de quatre kilogrammes en deux mois, comme nous l'avons dit!

Il n'est pas inutile de remarquer que la tonicité imprimée
à la nutrition et à l'absorption produit chez certains malades,
qui suivent le traitement hydrothérapique, un phénomène
en apparence contradictoire. Ceux qui sont maigres ne tardent
pas à engraisser. Ceux qui sont obèses maigrissent dans
une certaine proportion. Phénomène très-facile à apprécier au
moyen de la balance. Il est le résultat de l'équilibre des
fonctions qui tend à se rétablir. Chez les premiers, l'augmentation du poids est due à l'activité toute particulière imprimée
à la nutrition par l'hydrothérapie, tandis que chez les seconds,
elle résulte de la stimulation des vaisseaux absorbants et de
l'accélération de la respiration. L'eau, le tissu cellulaire et la
graisse en excès se trouvent éliminés.

L'obésité, on le sait, est le reliquat d'une nutrition incom-
plète. La graisse et le tissu cellulaire, qui n'ont pas été brûlés

par l'activité vitale, se déposent dans l'organisme, particulièrement autour des reins et des intestins, et constituent ce que les Allemands appellent la phlétore abdominale.

Dans les deux cas, les sujets acquièrent des forces au fur et à mesure que le système musculaire se développe, et les uns et les autres peuvent se livrer à de longues promenades.

Boulimie et Dyspepsie.

M. D..., âgé de 27 ans 1/2, d'une constitution robuste, a été atteint, en janvier 1868, de troubles digestifs, caractérisés par une faim dévorante, suivie de bouffées de chaleur à la face et de pesanteur d'estomac deux heures après les repas, sans soif, ni envie de vomir, ni constipation. La boulimie a cessé en février; mais les forces ont diminué peu à peu, surtout lorsque le malade voulait marcher. Entré à l'établissement de Bellevue le 30 avril 1868 avec une dyspepsie compliquée d'hypocondrie, M. D... accuse un affaiblissement notable de la mémoire et se plaint d'avoir le vertige lorsqu'il parle pendant quelques minutes. Il n'a pas de fièvre; son pouls est faible à 82. Le traitement est immédiatement commencé. Chaque jour le malade reçoit, matin et soir, la douche en pluie pendant dix secondes, et la douche en jet, promenée sur toute la surface du corps pendant une minute, en atténuant la force de l'application sur la région épigastrique. Les forces reviennent rapidement; le malade engraisse et quitte l'établissement un mois après, le 30 mai, complétement rétabli.

Nous avons rapporté brièvement l'histoire de ce malade, dont la guérison n'offre aucun intérêt pour ceux qui sont à même d'observer journellement avec quelle rapidité et quelle sûreté l'hydrothérapie agit en pareil cas; mais l'observation suivante mérite au contraire de fixer l'attention des praticiens, à cause de l'ancienneté de la maladie, de son extrême gravité et de l'âge avancé de celui qui en était atteint.

Entérite chronique,

M. D..., directeur d'une maison de santé des environs de Paris, est un homme de 61 ans, d'une maigreur extrême, à ce point que la peau est littéralement collée sur les os. Les côtes font une saillie pénible à voir; la peau de l'abdomen, en se rapprochant de la colonne vertébrale, forme une excavation considérable; les éminences fessières ont disparu; en un mot, le malade ressemble à un squelette revêtu d'un reste de tissu cellulaire et de peau. On se demande comment M. D.. peut se tenir debout, comment il peut faire quelques pas afin de se rendre à la douche. L'enveloppe cutanée, sèche et terreuse, ne fonctionne presque plus. Le visage est blafard, sans expression; le malade a entièrement perdu la mémoire. Il n'éprouve aucune douleur, il a un bon sommeil. La langue ne présente rien de particulier à noter; l'haleine est fétide; il n'y a pas de soif.

Dès que M. D... a mangé, il vomit; bien plus, la vue seule des aliments qu'il approche de sa bouche provoque la nausée. Depuis 35 ans qu'il est marié, il a toujours eu les intestins délicats, et depuis 10 ans, il souffre constamment de la diarrhée. Le pouls est faible à 56. Il n'a, dit-il, jamais eu de fièvre. Dans sa jeunesse, on l'a traité comme ayant une hépatite aiguë. M. D... est allé pendant deux ans à Plombières et a suivi sans succès un grand nombre de traitements. Ayant consulté M. le Dr Axenfeld, aujourd'hui professeur, ce savant médecin pensa avec juste raison que l'hydrothérapie devait être tentée comme dernière ressource.

Voici ce que M. Axenfeld nous écrivait en nous adressant le malade : « ....Atteint depuis longues années d'une entérite chronique, peut-être ulcéreuse, il est dans la période ultime où des désordres gastriques (une intolérance gastrique presque absolue) viennent compliquer le désordre intestinal.

En raison de l'extrême *débilité* générale, de l'inefficacité du traitement pharmaceutique, en raison aussi de l'*inactivité phy-*

siologique de la peau, j'ai pensé qu'un traitement hydrothérapique pourrait être essayé.

Il s'agit de faire un miracle; mais l'hydrothérapie en a fait quelquefois. Puisse-t-elle réussir cette fois entre des mains expérimentées et prudentes. »

M. le professeur Axenfeld conseillait avec beaucoup de raison, dans la consultation écrite qu'il voulut bien nous envoyer, des sudations suivies d'applications froides comme commencement de traitement, dans l'espoir qu'en rétablissant les fonctions de la peau, on donnerait le branle aux autres activités physiologiques et on établirait une dérivation au détriment de la suractivité morbide de la muqueuse digestive.

Le traitement est commencé le 22 mai 1866. On place le malade dans l'appareil à étuve sèche. Il tient un thermomètre de précision dans la main et reçoit sur la tête une compresse mouillée.

La température de l'étuve est poussée jusqu'à 40° seulement. Après vingt minutes de durée environ, la transpiration commençant à se produire, M. D..., tout enveloppé dans ses couvertures, est porté rapidement dans une des salles d'hydrothérapie, où il reçoit une douche en pluie de deux à trois secondes et une douche en jet vivement promenée pendant un quart de minute sur toute la surface du corps. Des frictions énergiques provoquent une assez bonne réaction; le malade a chaud. On l'habille avec le plus de promptitude possible, et, en le soutenant, on peut lui faire faire une promenade sur la terrasse de l'établissement.

Ces transpirations dans l'étuve sèche ont encore lieu les jours suivants.

On prend chaque fois la précaution de ne provoquer qu'un commencement de transpiration pour stimuler seulement la peau sans affaiblir le malade. Ce résultat étant obtenu, M. D... reçoit deux douches froides par jour, de quinze secondes à une demi-minute de durée. La douche en pluie, destinée à mouiller entièrement et presque instantanément le malade, est beaucoup plus courte que la douche en jet.

Dans le traitement d'une maladie aussi grave, un simple écart de régime peut devenir mortel; aussi les aliments sont-ils choisis et pour ainsi dire pesés à chaque repas.

Malgré toute notre sollicitude, les fonctions digestives ne paraissent pas s'améliorer.

C'est alors que nous tentons la diète lactée, mais nous sommes presque immédiatement obligé d'y renoncer, parce que la diarrhée devient plus fréquente.

Bientôt les forces du malade s'affaiblissent à ce point qu'il ne peut plus se rendre à la douche. Nous lui faisons appliquer le drap mouillé en sortant du lit.

A l'alimentation ordinaire, qui consiste en quelques bouchées de viandes grillées ou rôties, nous ajoutons de l'extrait de viande crue. A chaque repas, le malade prend une ou deux gouttes noires anglaises, et dans la journée, un lavement avec cinq grammes de sous-nitrate de bismuth.

20 juin. — Les forces du malade se relèvent. M. D... se rend à la douche et reçoit simultanément une douche en pluie et une douche en lance; la première de quelques secondes, la deuxième d'un quart de minute à une demi-minute environ.

Le 1er juillet. — Le malade a un peu de fièvre, de l'œdème se montre autour des malléoles; pourtant il existe une amélioration manifeste. Les vomissements et la diarrhée cessent; la maigreur, qui était excessive, a diminué notablement. Bientôt le malade se trouve tellement bien qu'il peut assister aux soirées du salon. Enfin, il témoigne le désir de s'en aller et de reprendre la direction de la maison de santé confiée à ses soins. Malgré nos vives instances auprès de lui, afin qu'il continue encore pendant quinze jours ou un mois le traitement hydrothérapique, afin de consolider cette guérison pour ainsi dire inespérée, M. D... quitte Bellevue le 6 juillet.

La guérison de la maladie intestinale ne s'est point démentie; mais M. D... succomba quelques mois après à un ramollissement du cerveau. Cette dernière particularité vient encore témoigner en faveur de la puissance du traitement hydrothérapique. En

3

effet, bien qu'il n'y eût pas de commencement de paralysie, M. D..., à son arrivée à Bellevue, était déjà sous l'influence de la maladie organique que nous venons d'indiquer. D'ailleurs, la chronicité dans de pareilles conditions, et surtout chez un homme qui a passé 60 ans, constitue à elle seule un grave péril.

Pourtant, grâce à une médication hydrothérapique méthodiquement employée, nous vîmes disparaître, dans le court espace de six semaines, une des maladies les plus graves qu'il nous ait été donné d'observer dans notre pratique.

Dans l'observation qui va suivre, il est question d'un sujet à peu près du même âge que M. D...; mais c'est un homme vigoureux, et la maladie n'a point attaqué la trame des tissus. C'est une simple névrose. Nous allons voir avec quelle rapidité l'hydrothérapie en a également triomphé.

Entéralgie.

M. R..., employé dans une administration, est un homme de 59 ans, ayant les signes du tempérament nerveux. Il se plaint d'une sensation de brûlure au-dessous de l'ombilic. Cette sensation a commencé il y a six ans environ, sans cause connue. Elle est fixe, avec des exacerbations irrégulières; elle n'augmente pas par la pression. Les différents remèdes employés pour la calmer n'ont pas soulagé, ou bien ont exaspéré la douleur. Les purgatifs, entre autres, ont fait le plus grand mal. M. R... ne peut pas dormir; il éprouve de la constriction à la gorge et a envie de pleurer.

Le pouls est à 63. Tous les organes sont sains et le malade ne présente pas les phénomènes qui caractérisent habituellement la dyspepsie. Le traitement est commencé le 6 février 1866 par une douche en cloche de quelques secondes et une douche en jet promenée sur toute la surface du corps; durée : une demi-minute. Le lendemain le malade est mieux; il dit avoir dormi pendant cinq heures.

Chaque jour, M. R... prend deux douches par jour, et l'amélioration va chaque jour en augmentant. Après un mois de traitement, le malade se sentant à peu près guéri, quitte l'établissement, rappelé qu'il est par l'expiration de son congé. Il a engraissé de trois kilos depuis le commencement de sa cure.

Nous l'avons revu en 1869, après trois années, la guérison ne s'était pas démentie.

L'intérêt que présente cette observation est de beaucoup surpassé par l'histoire de la maladie qui va suivre. C'est également une névrose intestinale, mais d'une telle intensité qu'elle inspire pendant un moment de graves inquiétudes. Nous allons voir que l'hydrothérapie, aidée, il est vrai, par la térébenthine et l'opium, a fini par en triompher.

Entéralgie.

M. G... est âgé de 52 ans. Il n'a jamais été malade, sauf d'un ictère qui n'a présenté rien de particulier à noter.

En mars 1866, M. G... commença à ressentir les premières atteintes de la maladie qui l'oblige à entrer à Bellevue. Deux heures après chaque repas, il était pris de violentes douleurs ayant leur siège aux régions épigastrique et ombilicale, et s'irradiant vers les épaules, particulièrement du côté gauche. Ces douleurs cessaient lorsque le malade prenait des aliments, mais pour revenir deux heures après. Le lait paraissait être pour le malade une sorte de sédatif. Aussi voulut-il se soumettre entièrement à la diète lactée pour mettre fin à des douleurs qui étaient devenues intolérables.

Ce régime lui réussit parfaitement, car du mois de février au mois de mai il ne ressentit absolument rien.

Se croyant à l'abri de nouvelles attaques, il reprit une nourriture animale et végétale. Mais trois mois après, les douleurs revinrent avec une nouvelle intensité. Devenu plus circonspect, M. G... se remit à la diète lactée, avec la ferme résolution de la continuer fort longtemps. Malheureusement cette bonne résolution était trop tardive, et malgré le régime lacté, M. G... ressentit violemment ses douleurs jusqu'au jour où il vint à l'établissement de Bellevue, le 14 août 1867.

Etat actuel. — M. G... est un sujet très-vigoureux; encore bien musclé aujourd'hui, quoiqu'il ait maigri de quinze kilogrammes en dix-huit mois. Il a le teint coloré et il présente toutes les apparences de la santé. Il n'a point de soif et n'a jamais eu qu'un vomissement. A la percussion, on reconnaît que son foie a un centimètre et demi de diminution en hauteur. L'ombilic ne peut supporter la moindre pression. M. G... a des garde-robes régulières; il n'a point de fièvre et dort bien lorsqu'il ne souffre pas. Rien à signaler du côté de la circulation. Les douleurs dont le malade se plaint actuellement ont lieu trois heures après le repas; et, avec elles, apparaît un ballonnement notable du ventre. Ces douleurs sont excessives; elles occupent les régions épigastrique et ombilicale; M. G..., malgré toute son énergie et son habitude de la souffrance, se roule par terre en poussant des cris.

Le traitement est commencé le 14 août par une douche en pluie et une douche en jet répétées deux fois par jour. Lait pour aliment. Concurremment, pour calmer les douleurs, on emploie le laudanum, la belladone, l'électricité, etc., sans succès. Non seulement le malade n'est point soulagé, mais il souffre plus qu'avant son arrivée à l'établissement.

26 août. — Il n'y a point de modification dans l'état du malade. Continuation des mêmes douches, et de plus, deux perles de térébenthine et deux gouttes de laudanum à chaque repas.

4 septembre. — Modification très-avantageuse. Le malade ne souffre presque plus. L'alimentation est augmentée; potage, un peu de poulet, un peu de pommes de terre en purée.

2 octobre. — Le malade va très-bien; il n'a pas eu de crises violentes depuis un mois, et depuis vingt jours il n'a pas éprouvé de douleurs proprement dites. Ses forces ont augmenté; toutefois, lorsqu'il prend un peu trop d'exercice, il y a une tendance manifeste au retour de la douleur de l'épaule gauche.

M. G... mange avec appétit et avec plaisir. On augmente l'alimentation, et le malade peut digérer parfaitement les viandes grillées et rôties. Continuation des perles de térébenthine et du laudanum à chaque repas.

19 novembre. — M. G... ne souffre plus depuis trois semaines ; il quitte l'établissement dans un parfait état de santé.

Plusieurs mois se sont écoulés ; M. G... est venu nous revoir pour nous témoigner toute sa satisfaction. Il n'avait plus ressenti aucune douleur depuis son départ de Bellevue, et considérait sa guérison comme définitive.

L'année suivante, étant allé vers la fin du mois de juin à Contrexeville pour accompagner sa femme, M. G... fut de nouveau atteint de douleurs épigastriques assez vives. Elles durèrent huit jours et disparurent sans qu'il eût été fait aucun traitement.

Dans l'automne de la même année, après avoir fait des travaux manuels dans sa maison de campagne, M. G... fut encore atteint des mêmes douleurs, mais plus vives, ce qui le décida à rentrer à l'établissement de Bellevue le 18 décembre 1868. Il reprit le traitement qui lui avait si bien réussi une première fois, et quitta Bellevue le 4 décembre suivant, complètement guéri.

Il avait remarqué que tout exercice exagéré des bras faisait revenir les douleurs, tandis qu'il pouvait impunément faire de très-longues promenades à pied, sans autre inconvénient que la fatigue.

Dans la relation qui va suivre, nous allons observer des troubles gastriques, mais cette perturbation est secondaire, et résulte évidemment d'un état général de nature goutteuse, héréditaire. Il y a en outre une névralgie sciatique, qui constitue la maladie principale et qui a la même origine.

Sciatique et Dyspepsie.

Le général L... est âgé de 65 ans, de petite taille ; il est maigre et présente cette apparence chétive et ce teint un peu jaunâtre qui caractérisent certains sujets nerveux. Sa mère, qui existe encore, est âgée de 96 ans; son père est mort à 84 ans.

M. L... était dans sa jeunesse assez souvent atteint de névralgie sciatique. En 1854, une première attaque de goutte se montra; elle fut suivie d'un certain nombre d'autres attaques ayant leur siége au gros orteil, tantôt à droite, tantôt à gauche, mais ne laissant aucune gêne après leur disparition.

En 1856, apparition d'une névralgie sciatique du côté gauche. En 1862, cette névralgie revint avec plus d'intensité. Les vésicatoires morphinés, les injections sous-cutanées avec le sulfate d'atropine, les bains de vapeur n'eurent pas le moindre succès. Un mois d'hydrothérapie avec douche en jet promenée sur tout le corps et particulièrement le long du trajet du nerf sciatique suffit pour guérir le malade.

En 1865, la sciatique reparaissant, le général eut de nouveau recours à l'hydrothérapie dont il s'était si bien trouvé; mais après avoir pris vingt-quatre douches, il ressentit une nouvelle attaque de goutte au gros orteil du pied gauche. Suspension du traitement pendant dix jours, reprise de la médication hydrothérapique et guérison après soixante-dix douches.

En 1866, M. L..., en faisant de l'hydrothérapie hygié-nique, eut encore un accès de goutte au pied gauche. Enfin, au mois de février 1867, la névralgie sciatique revint et dura pendant tout le mois de mars et le commencement d'avril. C'est alors que le général se décida à entrer à l'établissement de Bellevue.

16 avril. — État actuel : santé générale excellente, sauf un peu de dyspepsie; névralgie sciatique gauche provoquant de vives douleurs avec fourmillement jusque dans le pied aussitôt que le malade essaie de faire quelques pas.

Le traitement est immédiatement commencé et consiste en une douche en pluie générale et une douche en jet promenée rapidement sur tout le corps, mais principalement le long du trajet du nerf sciatique gauche. Durée, une minute.

20 avril. — Le malade a pris huit douches; la réaction est franche et l'amélioration est manifeste.

Aussitôt que le malade a reçu la douche, il éprouve une douleur plus vive pendant deux ou trois minutes le long du nerf malade; il lui est alors impossible de faire un pas; puis cette douleur cesse et le général peut marcher pendant un quart-d'heure, courbé, il est vrai, en avant, mais sans éprouver aucune douleur. Après ce laps de temps, il est obligé de s'asseoir.

1er mai. — L'amélioration a augmenté; le général a meilleure mine; il marche tout-à-fait droit et plus longtemps sans souffrir; toutefois, il éprouve encore des fourmillements dans le pied gauche. La dyspepsie a cessé.

15 mai. — La guérison est presque complète; le général peut remonter la magnifique avenue qui conduit de Bellevue à Meudon. Rappelé dans sa famille pour affaires urgentes, le malade nous écrivait le 21 juin suivant : « Monsieur et cher docteur, vous m'avez fait promettre de vous faire connaître les effets consécutifs du traitement hydrothérapique que j'ai suivi à Bellevue. Je suis sorti d'entre vos mains à peu près délivré de mes douleurs sciatiques, et il ne me restait plus qu'un peu de gêne dans la marche et un peu de mollesse dans la jambe. Je suis heureux de vous faire savoir que cette mollesse s'est effacée graduellement, et je puis faire de longues marches sans éprouver d'embarras dans les fonctions de la locomotion. Le seul symptôme qui ait résisté est un peu de raideur dans la partie gauche, mais seulement au moment où je passe de l'état de repos à la reprise du mouvement. Du reste, je ne demande pas autre chose que de conserver mon état de santé actuel.... »

Dans l'observation qui va suivre, il s'agit d'une dyspepsie chez une jeune fille névropathique, dont les grands-parents étaient goutteux.

Cette malade aurait guéri si elle avait été plus persévérante.

En lisant le récit de ses souffrances, on sera convaincu de la nécessité absolue d'opposer un long traitement hydrothérapique à certaines maladies chroniques, ayant leur origine dans une hérédité plus ou moins éloignée, et qui ont profondément modifié l'organisme.

C'est surtout dans ces circonstances que les demi-mesures ne produisent que des insuccès.

Dyspepsie et nervosisme.

Mlle G... a 22 ans. Son père est très-robuste, sa mère est névropathique, ses grands-parents étaient goutteux. Il n'y a point de dartreux dans la famille.

Etant âgée de 4 ans, Mlle G... a eu une fièvre muqueuse et une coqueluche. A 9 ans, elle a été atteinte de chorée, avec une rétention d'urine au début. Cette névrose a duré plusieurs années, cessant et revenant à des intervalles irréguliers. Le traitement a consisté en bains sulfureux, tartre stibié, noix vomique, préparations arsénicales, gymnastique, bains froids et hydrothérapie. Cette dernière médication a guéri la malade.

A l'âge de 15 ans, il est survenu une contracture du sterno-mastoïdien arrivant et cessant tout d'un coup. Le massage a fait disparaître cette contracture, mais la chorée a reparu. Celle-ci a cessé quelque temps après l'apparition des premières règles, arrivées vers 15 ans 1/2.

L'apparition des menstrues a toujours été irrégulière; elle n'avait lieu ordinairement que tous les trois ou quatre mois.

Vers la fin de l'année 1867, Mlle G... remarqua que son appétit diminuait peu à peu, bien qu'elle conservât ses forces.

En janvier 1869, une toux nerveuse survint, sans vomissements; elle dura trois semaines, et fut suivie d'une fièvre intermittente, mal caractérisée, qu'on traita par le sulfate de quinine et le vin de quinquina. Enfin, disparition entière de l'appétit, dégoût pour les liquides et soif par intervalle. Mlle G... était prise de douleurs d'estomac immédiatement après avoir bu ou mangé. Une heure et demie après ses repas, la malade était en proie à un hoquet qui durait trois heures et ne finissait qu'avec la digestion. Dans le courant du mois de février, il y eut trois vomissements d'aliments non digérés, rapports nidoreux, sécrétions gazeuzes, constipation.

Mlle G... entre à l'établissement de Bellevue le 3 avril 1869, dans l'état suivant :

Elle est de taille moyenne, très-maigre, avec un visage pâle et fatigué. Mlle G... est fort affaiblie, et c'est avec peine qu'elle a parcouru la très-courte distance (trois minutes) qui sépare la station du chemin de fer de l'établissement d'hydrothérapie.

La langue est'un peu saburrale, mais il n'y a pas de soif. La malade se plaint d'une légère douleur d'estomac, qui se fait sentir en sortant de table, et qui va en augmentant et acquiert son maximum d'intensité deux heures et demie après le repas. Aussi Mlle G... éprouve-t-elle une répugnance invincible pour la plupart des aliments ; son déjeuner consiste en une demi-biscote, et parfois un peu de blanc de poulet ou un aliment très-léger ; elle ne dîne pas. La pression au creux épigastrique n'est pas douloureuse ; il existe pendant le cours de la digestion un hoquet qui ne finit qu'avec elle. Mlle G... est constipée. Le pouls est très-petit, très-faible, à 80 ; il n'y a pas de fièvre. La menstruation est complétement supprimée.

L'affaiblissement musculaire des membres supérieurs est en rapport avec la débilité générale ; car Mlle G... ne peut dépasser le chiffre de 11 kilogrammes au dynamomètre. La malade ne peut marcher plus d'un quart-d'heure. Le sommeil est mauvais.

Le 5 avril, Mlle G... commence son traitement par une double douche en pluie et en jet de six secondes de durée. La réaction est bonne. Afin de calmer les douleurs, la malade prend une goutte de laudanum à chaque repas.

10 avril. — La malade se sent mieux ; elle a augmenté un peu son alimentation ; elle souffre encore après ses repas, mais la douche fait cesser momentanément la douleur. La langue se nettoie ; les forces ont augmenté à ce point que la malade a pu parcourir plus d'un kilomètre à pied. Prescription : deux

gouttes noires anglaises après chaque repas, application d'une ceinture mouillée au creux épigastrique, continuation des mêmes douches.

20 avril. — Mlle G... peut marcher maintenant pendant plus d'une heure; les douleurs d'estomac ont diminué; mais comme la langue est toujours saburrale, nous prescrivons 25 grammes de citrate de magnésie.

5 mai. — Les forces ont considérablement augmenté; l'état de l'estomac est meilleur, et permet à la malade de manger une côtelette et un jaune d'œuf à son déjeuner. Prescription : indépendamment des douches en pluie et jet que prend Mlle G..., on lui donne chaque jour un bain de pied à eau courante pour favoriser la réaction qui est lente à se développer aux extrémités inférieures; deux cuillerées à bouche de vin de quinquina. Sous l'influence de la médication hydrothérapique, on voit la malade perdre peu à peu cette teinte d'une pâleur livide que son visage présentait quand elle arriva. Le sommeil est meilleur; le poids du corps a augmenté d'un kilogramme, et l'appréciation de la force musculaire indique 14 kilogrammes sur l'échelle graduée du dynamomètre.

30 mai. — La constipation a cessé, mais les douleurs d'estomac persistent après les repas. Mlle G... ne pouvant réchauffer ses pieds ni ses mains après la douche, il lui est prescrit une sudation dans l'étuve sèche, de vingt minutes, pour obtenir un commencement de transpiration. Ce bain d'air chaud est suivi d'une douche froide en pluie. Grâce à ce moyen, la réaction a lieu aux extrémités des membres. Bientôt la malade reprend ses douches ordinaires en pluie, et aussi en jet dirigé principalement sur le pubis et le bassin pendant une minute pour hâter l'évolution des règles.

C'est dans le même but que nous prescrivons chaque jour à Mlle G... un bain de siège en eau courante.

6 juin. — Accès hystériforme, déterminé par une émotion subite que la malade a éprouvée. Cet accès est caractérisé par de petites convulsions cloniques, des pleurs, des sanglots

et de l'étranglement. Le pouls est intermittent et à peine sensible.

20 juin. — La malade est maintenant en état d'aller à Paris et d'y faire d'assez longues promenades à pied. La balance indique encore une augmentation de un kilogramme chez Mlle G..., soit deux kilogrammes depuis le commencement du traitement. La constipation a entièrement cessé, et le ventre reste libre, grâce à un peu de pain d'épice et de pain de seigle que prend la malade chaque matin avec du café au lait, tout autre aliment augmentant les douleurs d'estomac. Le hoquet que Mlle G... avait à son arrivée à Bellevue n'a pas cessé de se manifester après chaque repas. Il dure environ trois heures, et ne disparaît seulement, comme nous l'avons dit, qu'après que la digestion est terminée. Prescription : un peu de fer réduit et d'extrait de noix vomique en pilules.

L'état de Mlle G... alla s'améliorant jusqu'au 2 juillet 1869, époque où elle quitta l'établissement, quoiqu'elle ne fût pas entièrement guérie. Mais comptant sur le temps, probablement, et aussi sur l'efficacité des bains de mer, elle retourna chez elle, en province, et y resta jusqu'au mois d'août. Elle se rendit alors aux bains de mer, et y resta pendant les mois d'août et de septembre. L'eau de mer excita Mlle G...; mais la menstruation, préparée depuis longtemps à Bellevue, se rétablit enfin. On aurait pu, dès lors, espérer que cette intéressante malade allait obtenir une guérison définitive; mais l'aménorrhée n'était point la cause, mais bien l'effet de la dyspepsie. Pour guérir, Mlle G... aurait dû continuer le traitement hydrothérapique pendant plusieurs mois encore. Le résultat que nous avions prévu à sa sortie de l'établissement de Bellevue s'est malheureusement réalisé. Elle a éprouvé une véritable rechute. Voici ce que nous écrivait une de ses parentes, le 26 novembre dernier : « Il est impossible de lui faire prendre une alimentation substantielle. Toute sa nourriture consiste en des gâteaux, et rien ne peut la décider à manger autre chose! Elle ne fait nul exercice, n'allant que de sa chambre au salon, et ne voulant même pas sortir en voiture, malgré toutes nos instances. Le hoquet qu'elle avait à Bellevue dure toute la journée, etc. »

Comme on peut en juger par ce fragment de lettre, l'état de Mlle G... s'est aggravé depuis sa sortie de Bellevue.

Dans l'exposé des observations qui précèdent, nous n'avons nullement eu l'intention de faire l'histoire de la dyspepsie et de la gastralgie, mais seulement de démontrer l'action efficace, souvent rapide, quelquefois merveilleuse de la médication hydrothérapique, pour combattre ces deux maladies qui font le désespoir des médecins et des malades par leur longueur et leur résistance aux remèdes pharmaceutiques. Ajoutons que l'hydrothérapie est encore utile lorsque le sujet est en même temps atteint d'une lésion organique incurable. Elle le fait durer plus longtemps.

Dans la dernière période de la plupart des maladies organiques, le terme fatal est souvent reculé lorsque les sujets, par une bonne digestion et une bonne assimilation, peuvent opposer de la résistance aux progrès de la lésion qui doit les détruire. Ainsi s'écoulent les jours, les mois et même les années. Puis enfin les fonctions digestives venant à se troubler, soit à cause des progrès incessants de la lésion organique, soit à cause d'écarts de régime, de fatigues exagérées, de chagrins, etc., on voit survenir la prostration et la mort des malades, tandis qu'on espérait encore pour eux une existence plus prolongée.

L'hydrothérapie a une puissance si remarquable qu'on a vu tel sujet, profondément amaigri et débilité, offrant une tumeur à la région épigastrique, ayant des vomissements noirs et présentant la teinte caractéristique des affections cancéreuses, revenir peu à peu à la vie sous l'influence du traitement méthodiquement appliqué. Les vomissements cessaient, l'embonpoint reparaissait, le visage reprenait les couleurs de la santé, les forces elles-mêmes avaient reparu. Enfin il y avait un tel changement que les médecins croyaient à une erreur de diagnostic, malgré les signes et les symptômes si graves qu'ils avaient observés.

Le malade, heureux et rempli d'espoir, quittait l'établissement

d'hydrothérapie, conservant hélas sa tumeur à la région épigastrique. Puis les mois s'écoulaient, et après une année et demie,
les mêmes signes précédemment observés reparaissaient plus
significatifs; la tumeur avait augmenté, la mort arrivait
inévitable et prochaine.

Il faut donc conclure que l'hydrothérapie doit être conseillée
dans la généralité des cas, lorsqu'il s'agit de combattre les
troubles gastriques. Si ces troubles tiennent à une simple dyspepsie, on en aura certainement raison d'une manière définitive.
S'ils se rattachent à une affection comme le diabète, l'albuminu-
rie, les tubercules près à se former, etc., ils cèderont souvent,
au moins pour un temps, et permettront aux sujets de vivre
peut-être encore pendant de longues années.

Quant à l'action de l'hydrothérapie dans le traitement de la
gastralgie simple, il est tellement efficace et rapide, comme nous
l'avons vu, qu'on ne devrait jamais en adopter un autre. C'est
donc avec beaucoup de raison que Monneret a dit dans son
traité de pathologie interne que *l'hydrothérapie constitue à elle
seule le traitement par excellence des névroses, et de celle-ci
en particulier.*

Dr LEROY-DUPRÉ.

Typ Oberthur et fils, à Rennes. — Maison à Paris, rue des Blancs-Manteaux, 35.